# MÉMOIRE A CONSULTER

## Au Roi

ET

# AUX CHAMBRES.

# MÉMOIRE

### A CONSULTER

## AU ROI ET AUX CHAMBRES,

OU L'ON CONSIDÈRE

## LES CONGRÉGATIONS

### COMME LE PREMIER MOYEN

## D'ORDRE OU DE DÉSORDRE DANS L'ÉTAT,

OU, SI L'ON VEUT,

Comme *un Système religieux et politique tendant à* maintenir *la Religion, la Société et le Trône,* ou à les *renverser,*

SELON QU'ELLES SE FORMENT ET QU'ELLES AGISSENT

AU NOM DE DIEU OU A CELUI DE LA LIBERTÉ.

Beaucoup en ont parlé, mais peu l'ont bien connue

## PARIS,


DONDEY-DUPRE PÈRE ET FILS, IMP.-LIBRAIRES,
Rue Saint-Louis, Nº 46, et rue Richelieu, Nº 67;

DELAUNAY,
LADVOCAT,
DENTU,
PONTHIEU,
} Libraires, au Palais-Royal, galerie de bois.

IMPRIMERIE DE DONDEY-DUPRÉ.

# AVANT-PROPOS.

On a successivement parlé dans notre âge du *mal* de l'*infâme*, du mal des *prêtres*, du mal des *aristocrates*, du mal des *ultra-royalistes*, du mal des *ultramontains*, et du mal des *jésuites*. Aujourd'hui on parle surtout, et on parlera, jusqu'à nouvel ordre, du mal des *congrégations*; car enfin nous n'en sommes pas encore venus à nier franchement la distinction du *mal* et du *bien*, c'est-à-dire l'existence elle-même de Dieu.

Il y a en effet quelque chose de vrai, et même de profondément vrai là-dedans ; comme il y a un côté vrai, un fond de vérité dans tout ce que les hommes, et surtout les généralités d'hommes disent. A moins de mélange ou de couleur de vérité, l'erreur *toute seule* et *toute nue* ne saurait jamais avoir un seul écrivain ou un seul orateur; elle ne saurait surtout jamais faire une seule dupe. Les hommes, quelque dépravés qu'ils soient, ne se repaissent point de néant.

Les congrégations qu'on s'est plu à présenter comme *un mal,* sont un mal en effet, et même le plus grand de tous les maux, la plus intense des causes de révolution, et peut-être *l'unique;* car elle renferme, amène ou consacre toutes les autres.

Seulement il y a congrégations et congrégations.

En un mot, il y a *une distinction* à faire.

Elle est la cause et l'objet de cet écrit; plût à Dieu, dont la plus grande gloire seule nous anime, que sa démonstration en soit aussi le résultat !

Nous la soumettons, *cette distinction,* au Roi, aux deux Chambres, au ministère public ; nous la soumettons même aux cours souveraines de magistrature ; c'est-à-dire que nous la soumettons à *l'autorité* pour l'admettre ou la rejeter.

Nous laissons à d'autres le triste et funeste privilége de soumettre leurs *Mémoires à consulter* (1) à des *sujets,* et peut-être ( qui sait? ) à des *parties ?*

-----

(1) Où, d'ailleurs, le lecteur raisonnable ne trouve peut-être pas une vue qui ne soit incertaine, une expression qui ne soit irrégulière et même passionnée ; une pensée qui ne soit inexacte, un principe qui ne soit faux, une conséquense qui ne soit forcée, et ( ce qui est bien plus remarquable ), pas une erreur qui ne soit contredite par la vérité qui lui est opposée, une œuvre criminelle enfin, et dont le prodigieux succès serait une énigme inexplicable dans quelques années, si l'on ne savait jusqu'à quel point, lorsqu'on est *uni*, on peut, avec des mots, tirer parti d'*un nom* et faire des dupes.

# MÉMOIRE A CONSULTER

ou l'on considère

## LES CONGRÉGATIONS

COMME LE PREMIER MOYEN

### D'ORDRE OU DE DÉSORDRE DANS L'ÉTAT,

selon qu'elles se forment et qu'elles agissent

#### AU NOM DE DIEU OU A CELUI DE LA LIBERTÉ.

Une vérité de sens commun, une chose d'expérience universelle, et que personne aussi n'aurait la force de méconnaître et surtout de nier, c'est que *l'homme isolé*, alors même qu'on pourrait le supposer le plus fort, le plus riche, le plus puissant, le plus intelligent, le plus doué de toutes les facultés de la nature et de tous les avantages de la société, n'est rien et ne peut pas davantage.

Abandonné à lui-même, seul, il est disposé, il est exposé au mal, il se livre au mal, il fait le mal, c'est-à-dire qu'il ne fait rien ; car qu'est-ce que le mal si ce n'est le néant ?

Et comme les hommes *seuls* sont impuissans, ils sont tout et peuvent tout ; ils sont tout-puissans lorsqu'au contraire ils sont *ensemble*. lorsqu'ils se tou-

1

chent, se voient, s'entendent; lorsqu'ils mettent *en commun* les forces de leurs corps, les lumières de leur esprit, les dispositions de leurs caractères, les volontés de leurs cœurs, les actions de leur conduite; lorsqu'enfin ils sont *unis*. Alors ils peuvent bien plus que le triomphe; le plus souvent ils n'ont pas même besoin de triompher.

La raison en est toute simple : ils ôtent, par leur aspect seul, à leurs ennemis, l'espoir même du succès, et par conséquent la volonté du combat.

Les hommes *unis* n'ont pas seulement le privilége de vaincre leurs adversaires sans les combattre ; ils ont de plus l'admirable privilége de les ramener à eux et d'en accroître leurs forces ; car que pourrait-il y avoir de plus avantageux pour des hommes impuissans à lutter, obligés de se rendre, que de *faire*, comme on dit, *contre fortune bon cœur*, de s'allier cordialement à leurs adversaires, et de trouver avec eux la force et les avantages, au lieu de la faiblesse et de la misère, qui, sans eux, étaient ou seraient devenues leur partage ?

Les citoyens analogues, unis en communautés, en corporations, en congrégations, en *ordres* civils et politiques, et surtout en *ordres religieux*, forment, pour ainsi dire, des colonnes de l'édifice social. Leur lien, en les rendant solidaires à une masse, leur en imprime la solidité ; et les fils qu'un enfant romprait en se jouant, forment ainsi, par leur faisceau, le câble qui doit supporter l'ancre d'un vaisseau de haut-bord.

C'est la *légion thébaine* invincible.

C'est l'*Ordre* illustre et vertueux qui donne le droit à l'un de ses membres de dire à ses propres adversaires, en parlant de sa personne toute seule : *Nous sommes la légion* (1).

C'est le corps judiciaire où l'on entend s'écrier, lorsqu'on vient, fût-ce au nom du roi, arrêter un seul de ses membres : *Arrêtez-nous tous, car nous sommes tous M. Despréménil !* »

L'isolement ou la division produit la faiblesse, et l'*union fait la force.*

En un mot, l'*homme* n'est rien, *les hommes* sont tout ; l'*individu* est faible, la *société* seule a la puissance.

Et c'est précisément parce que l'homme est *impuissant*, séparé de ses semblables, et surtout séparé de ses supérieurs, et parce qu'il est tout-puissant avec eux, que Dieu a dit : *Il n'est pas bon que l'homme soit seul* (2) ; qu'il a voulu qu'il fût *plusieurs*, et que tous les hommes même fussent toujours

_____________

(1) *Sumus legio.*

(2) « Non est bonum esse hominem *solum* : faciamus ei *adjutorium* simila sibi. » (GENÈSE.)

comme ensemble et ne fissent qu'*un*, et qu'il a menacé de mort le *royaume divisé contre lui-même* (1). .

Les hommes sont tout-puissans *assemblés*, et surtout assemblés *au nom de Dieu.* Ne serait-ce point parce que Dieu lui-même, ainsi qu'il l'a promis encore, serait alors *au milieu d'eux* ? « Ubi sunt vel tres CONGREGATI in nomine meo, ibi sum in medio eorum ( saint Mathieu, chap xviii ). »

De leur côté, les hommes bons et mauvais, cédant à l'évidence de ces vérités, ont fini par établir comme une maxime, devenue proverbiale, c'est-à-dire populaire à force de certitude, que comme ils doivent s'unir pour agir avec efficacité à l'égard de leurs ennemis, il fallait pour régner sur eux ou plutôt avec eux, les *diviser.*

La grande preuve de la nécessité et de l'utilité relatives d'un devoir, c'est la facilité que la nature a donnée de l'accomplir, et son accomplissement dans tous les tems, dans tous les lieux, et par tous les hommes.

Or, il y a, dans un homme *donné*, une invincible disposition à rechercher ses *semblables*, à s'unir avec eux; et le proverbe dit encore très-bien : *Qui se ressemble s'assemble.*

---

(1) « Omne regnum in se-ipsum divisum desolabitur et domus suprà domum cadet ». (S.-Luc, Chap. XI).

C'est aussi une *vérité*, qu'on peut appeler, celle-là, *de genre humain*, que l'homme ne s'est pas plutôt trouvé *deux*, que par son *alliance* il a été *un*, et depuis le *mariage* et la *famille*, qu'on peut. considérer comme les premières et les plus simples congrégations, jusqu'à la *chrétienté* qu'on peut aussi considérer comme la plus étendue et la dernière, les hommes n'ont fait visiblement que *s'unir* pour vaincre, ou se diviser pour être vaincus.

Les hommes pour être forts ne se sont pas seulement aggrégés sur le sol et à demeure ; ils se sont organisés, si nous pouvons le dire, en colonnes mobiles. Les corps de magistratures et de professions se sont établis dans la commune, et les corps d'armées dans l'état (1).

Mais ce qui est vrai des hommes pris physiquement, semble l'être davantage des hommes considérés comme êtres intelligens.

L'union des esprits est à la fois plus nécessaire et plus facile.

Elle est plus nécessaire, parce qu'elle est la condition de celle des corps.

---

(1) Ce qu'on voit dans l'état social et parmi les hommes est si naturel qu'on le retrouve jusque dans l'état sauvage, et chez les animaux. Les sauvages et les loups vont à la chasse ou à l'ennemi par bandes.

Elle est plus facile, parce que rien au monde ne pouvant *forcer* les esprits, ne saurait les empêcher de s'unir.

Aussi l'histoire universelle fait-elle foi que les unions spirituelles n'ont jamais cessé de se former, de s'étendre et de produire les unions corporelles. On voit simultanément, d'une part l'*union*, *la religion* ( de *religare* ) des patriarches, des Israélites, ou si l'on veut leur *isolement* des autres hommes ; et d'autre part l'union des Égyptiens, des Grecs, des Romains, des Barbares, des Payens enfin, ligués tous ensemble contre le reste (1).

Les sociétés spirituelles semblent avec les tems devenir plus étroites. Rien n'égalait l'union des apôtres et des premiers chrétiens. Lorsqu'on les chassait de leurs temples, ils se retrouvaient encore ensemble au tribunal de leurs juges assemblés, et puis dans le cirque, sous le fer ou le feu de leurs persécuteurs réunis.

Lorsqu'enfin le christianisme, grâce à son maî-

---

(1) Les sociétés se formaient dans les sociétés. Les disciples de Pythagore ou de Socrate, par exemple, se retiraient ensemble du milieu des Payens pour conserver une sorte de *feu sacré*; et dans une vue analogue les *Esséniens*, que Pline admirait comme une *nation immortelle* et où pourtant *il ne naissait personne*, faisaient *corps a part* dans le peuple de Dieu.

tre s'élança des échafauds sur le trône des Césars,
comme il se trouva exposé à de nouveaux dangers,
et qu'il eut des besoins nouveaux, il chercha de
nouvelles forces dans des unions nouvelles.

Les chrétiens tous ensemble se formèrent en *église*,
en *communion* de *frères* ou de *fidèles* ( toutes expres-
sions synonymes); et comme c'est toujours une mal-
heureuse disposition des sociétés d'avoir des membres
qui se relâchent, ils se forma encore de petites congrégations particulières dans la congrégation générale.

On vit en effet, dès les premiers tems du christianisme, dans tous les lieux de ses conquêtes et de-
venant avec le tems et les besoins de la société de
plus en plus nombreuses et même de plus en plus
austères, des associations, des compagnies, des congrégations, des *ordres religieux*, et par eux, comme
*à leur suite*, des ordres politiques ou religieux, et
des ordres civils et religieux à la fois.

Il y avait en même tems *unions* et par conséquent
*forces* publiques dans les esprits, dans les cœurs,
dans les corps ; et tous les besoins de la société générale, depuis les surabondances de la vie jusqu'à
ses plus grandes nécessités, avaient leurs *assurances*
dans des *compagnies*.

Et d'abord sociétés dans l'église. Société dans l'é-
piscopat ; sociétés dans le clergé pour la prédication

et la propagation de la foi et tous les genres de charité imaginables (1).

Sociétés dans l'état.

Société dans la royauté, société dans les honneurs, société dans la magistrature, société dans l'administration, société dans l'étude et la composition des ouvrages littéraires, société dans l'enseignement des sciences, société dans les plus basses professions comme dans les professions les plus élevées; c'est-à-dire forces, succès, gloire, ordre enfin et bonheur par tout et pour tout (2).

Mais une vérité surtout qu'on ne saurait pas méconnaître et qu'on ne doit pas oublier, c'est que dans les diverses sociétés, les plus fortes et les plus utiles furent toujours les sociétés les plus spirituelles, ou si l'on veut les plus religieuses; et pour n'en citer qu'un

---

(1) Il y a un *Dictionnaire* tout entier *des Ordres religieux*.

(2) Il existe un *Traité* ex professo *des Ordres*, de Charles Loyseau. Il appartenait à un Français de le concevoir, et au siècle de Louis XIV de le voir naître. Le *titre* seul est une grande pensée, que *l'avant-propos* ne fait que développer. Nous y lisons ce qui suit :

« Et le peuple qui obéit à tous ceux-là, est encore séparé en plusieurs ordres et rangs, *afin que sur chacun d'iceux, il y ait des supérieurs, qui rendent raison de tout leur ordre aux magistrats*, et les magistrats aux seigneurs souverains. Ainsi, par le moyen de ces divisions et subdivisions multipliées il se fait *de plusieurs ordres un ordre général, et de plusieurs états un état bien réglé*, auquel il y a une bonne harmonie et consonnance, et une correspondance et rapport du plus bas au plus haut : *de sorte qu'enfin par l'ordre un nombre innombrable aboutit à l'unité* ».

On ne parle pas si bien que cela aujourd'hui.

exemple, celui qui sera le mieux saisi aujourd'hui parce qu'il est le plus petit; une seule congrégation de bénédictins avait encore vingt grands ouvrages scientifiques sur le métier en 1789, c'est-à-dire au moment de sa propre décadence, lorsque l'académie française n'en a fait qu'un seul depuis sa fondation.

Admirable système d'*unions* qui donne à l'état l'allure facile d'un homme, et à un seul homme la force de l'état; et hors duquel on hache menu la société, pour ne plus laisser qu'un gouvernement et des individus, c'est-à-dire un ouragan et des grains de sable !

Mais pendant que les uns s'assemblent en *communion*, pour entretenir ou ranimer le feu sacré de la lumière et de la charité divine toujours prêt à s'éteindre, les autres s'unissent pour entretenir celui de l'erreur et de l'égoïsme.

Ou plutôt, il faut dire que les bons n'ont jamais à s'unir que lorsque les méchans sont unis, et précisément parce qu'ils sont unis. C'est le remède qui ne vient jamais qu'après le mal, qui se trouve ainsi constamment *avec* lui, parce qu'il est *contre* lui, et qu'apparemment on ne doit pas pour cela, (comme on l'a fait pourtant), considérer comme *sa cause*.

Il serait plus difficile et surtout plus curieux qu'il

ne serait utile, de rechercher dans l'histoire universelle toute *la suite* des *sociétés secrètes* criminelles (1). Il suffira à l'objet de cet écrit, et nous nous
contenterons aussi, en ne reprenant les choses que
dans le milieu du siècle dernier, de faire observer,
comme une preuve qui ne sera pas récusée, de la
nécessité de l'union pour être forts, que le chef de
l'incrédulité ou plutôt de la mauvaise *foi* (car les
hommes ont beau faire, ils croient toujours à quelque chose) écrivait au principal de ses adeptes :
« *Faites un corps, ameutez-vous,* et vous serez les
» maîtres (2).... Si vous étiez tous *unis,* vous donne-
» riez des lois. Tous les *Cacouacs* devraient compo-
» ser *une meute* (3).... Que les philosophes vérita-
» bles fassent *une confrérie* comme les francs-ma-
» çons; qu'ils *s'assemblent* et se *soutiennent;* qu'ils
» soient *fidèles à la confrérie,* et alors je me fais brû-
» ler pour eux (4). »

Ces conseils ne furent que trop bien suivis.

---

(1) Ceux qui voudraient savoir jusqu'à un certain point ce qu'il
faut penser à cet égard, peuvent parcourir l'*Instruction à la France
sur la vérité de l'Histoire des Frères de la Rose-Croix,* de Naudé ;
l'ouvrage de l'abbé de Villars, sur le même sujet; le *Voile levé* et la
*Conjuration contre l'Église catholique* ; les *Recherches sur l'existence
de la Secte révolutionnaire,* du chevalier de Mallet ; et même un *Essai*
de Mirabeau sur ce point.

(2) Voltaire à d'Alembert, le 19 janvier 1757.

(3) Lettre du 25 mai suivant.

(4) Lettre du 20 août 1761.

« Nos assemblées, écrivait celui-là même qui en
» était le secrétaire, et qui s'en repentit (1), se te-
» naient régulièrement à l'hôtel du baron d'Holbach.
» De peur qu'on n'en soupçonnât l'objet, nous nous
» donnâmes le nom d'*économistes*; nous créâmes
» *Voltaire*, quoiqu'absent, président-honoraire. Nos
» principaux membres étaient *d'Alembert*, *Turgot*,
» *Condorcet*, *Diderot*, *Laharpe* et ce *Lamoignon*,
» garde-des-sceaux. La plupart des livres que vous
» avez vu paraître depuis long-tems contre la reli-
» gion, les mœurs et le gouvernement, étaient notre
» ouvrage, et celui de quelques auteurs affidés. Ceux
» que vous avez crus des œuvres posthumes, tels que
» le *Christianisme dévoilé*, etc., attribués à Fréret, à
» Boulanger après leur mort, sortaient de là. Nous
» envoyions nos livres à des colporteurs qui, en les
» recevant pour rien ou presque rien, les répandaient
» dans le peuple (2). »

Sans parler des sociétés plus secrètes, et si nous
pouvons le dire, des *arrières sociétés* philosophiques,
et qui concertèrent la révolution française comme

---

(1) Leroy. Il avait porté le bandeau de la révolution; il ne voulut
pas en porter le glaive.

(2) Il paraît constant que cette académie secrète fut établie de 1763
à 1766 Les autres membres de la société étaient Damilaville, le comte
d'Argental, Thiriot, Saurin, Grimm, Helvétius, etc. M. Fiévée ap-
pelle cette société-là *infernale*. ( Voyez *le Spectateur*, tome VII.)

moyen de la révolution européenne et peut-être de la révolution universelle; sans parler des associations qu'on ne connaît guère que par l'indiscrétion de quelques-uns de leurs affiliés, nous rappellerons seulement ces sociétés d'effrayante mémoire, qui, sous les noms plus ou moins hypocrites de *philantropes*, d'*amis des noirs*, de *clubs des Jacobins*, de *club central*, de *club de la propagande*, de *comité régulateur*, de *comité de sûreté générale*, etc., etc., dirigèrent successivement les majorités de *l'assemblée* constituante, de *l'assemblée* législative, et surtout de *la convention*; qui en préparèrent et exécutèrent les mesures les plus sanguinaires (1); qui donnèrent lieu enfin à ces nombreuses *sociétés populaires* qui couvrirent la France à leur suite et comme à leur image, et qui voyaient *la mort* pour châtiment de *la division* (2).

Les méchans qui s'étaient fortifiés par l'union se perdirent en effet divisés.

Ils périrent presque tous les uns par les autres.

---

(1) « Dans les souterrains du château s'imprimaient, jours et nuits, les rapports et décrets révolutionnaires. Les séances étaient permanentes ; mais le comité tout entier ne s'assemblait ordinairement qu'à *onze heures du soir*. C'était alors que s'expédiaient les ordres les plus féroces ». (*La France sous le regne de la Convention*, par M. Félix de Conny, page 134).

(2) On sait en effet que le cri de ralliement de cette époque était : *l'unité, l'indivisibilité ou la mort.*

Mais c'est une loi du monde que le mal une fois détruit recommence. On vit les méchans se rallier insensiblement, à mesure que les bons, de leur côté, se ralliaient ; et ce qui le prouve, c'est le *code pénal* de la première restauration (1) qui prévoit, punit, et par conséquent prohibe ces ralliemens (2).

Il faut que la disposition à s'unir, à s'aimer (car qu'est-ce que s'unir, sinon s'aimer ?) pour se fortifier lorsqu'on est semblable, soit bien naturelle et bien puissante : elle se retrouve jusque chez les hommes qui sont déjà unis et qui s'aiment déjà ; et dans les meilleures sociétés comme dans les plus mauvaises, il se forme nécessairement des sociétés nouvelles et par conséquent de nouvelles *divisions* qui, loin d'être un mal, sont un bien comme les premières.

Quoi qu'il en soit, il y a de nos jours quelques *ordres religieux* particuliers dans le grand ordre religieux universel. Il y a aussi quelques congrégations civiles particulières dans la grande congrégation générale ; et si on le trouve mieux et plus franc, nous avouerons qu'à *Mont-Rouge*, à *St.-Acheul*, etc., *il y a*

---

(1) Il y a bien plus d'une restauration ; la première est celle de Bonaparte, la seconde est celle de Louis XVIII, et ne sera certainement pas la dernière.

(2) Article 291.

des jésuites, et qu'à Paris et dans plusieurs villes de France *il y a* des congréganistes.

Mais nous ne dirons pas seulement qu'*il y a* des jésuites et des congréganistes, nous dirons encore ce que c'est que les jésuites et les congréganistes; qu'il peut, qu'*il doit y en avoir*; et nous le prouverons aisément, c'est-à-dire en très-peu de mots, parce que tout ce qui est vrai, tout ce qui est juste, tout ce qui est nécessaire est facile à prouver.

Nous n'avons guère à nous occuper de l'ordre des jésuites qui a été si victorieusement défendu, et qui, si l'on continue à l'attaquer, sera un jour défendu plus victorieusement encore; car cet ordre, dédaignant de se défendre par des paroles, ne se défend que par ses bienfaits, et répond par une action utile à chacun des cris de fureur dirigés contre lui.

La *véritable* histoire des jésuites est aussi connue que leur *fausse* et calomnieuse histoire.

» *Un jésuite* n'est pas autre chose qu'*un prêtre catholique, qui, resté soumis à ses supérieurs ordinaires, s'en est donné d'autres, tous soumis, à leur tour et pour ce qui les concerne, au même supérieur suprême, pour enseigner et pratiquer tous ensemble, en définitive, les mêmes droits, les mêmes devoirs et les mêmes vérités dogmatiques qui en sont le fondement.* »

Un jésuite enfin, c'est tout simplement un prêtre, qui, loin d'avoir *une seule liberté* de plus qu'un prêtre ordinaire, n'a que *des devoirs* et un grand nombre de devoirs et par conséquent de responsabilité *de plus* : devoirs d'obéissance absolue aux ordres de la vertu, devoirs de pauvreté individuelle absolue, devoirs d'humilité profonde (1).

C'est-à-dire qu'*un jésuite tel qu'il est* se trouve précisément le contre-pied du *jésuite tel que le fait* l'auteur ou le journaliste qui l'ignore, ou plutôt l'auteur ou le journaliste qui le hait.

Maintenant, ce qui est vrai *d'un jésuite*, est vrai de *tous les jésuites*.

Toutes les accusations dirigées aujourd'hui contre eux se réduisent à trois.

I. Les prétendues doctrines régicides, et le prétendu relâchement d'enseignement de *quelques-uns* de leurs *anciens* casuistes (car on n'a jamais osé parler du relâchement de leurs mœurs *personnelles*, non plus que de l'inorthodoxie des cours de morale qu'ils font *aujourd'hui*.)

II. Leur puissance, ou du moins leur ambition *actuelle* ;

III. Leur puissance *à venir* ;

On rappelle chaque jour ces accusations mille

______

(1) Un jésuite ne pourrait pas même envier l'épiscopat.

fois réfutées; mais la calomnie, comme on sait, *ne répond pas*, elle *redit*.

Et d'abord, que fait au talent, à la sagesse ou à la vertu *actuels d'un individu*, la faiblesse ou même le crime de *son frère*, alors même que *le crime du frère* serait vrai, comme il est prouvé qu'il est faux?

La seule arme légitime qu'il y aurait à employer contre les jésuites serait *la preuve* des vices *actuels* de leur institut, ou de la généralité de ses membres, et ce moyen on n'a pas encore osé y prétendre.

On accuse perpétuellement de régicide celui des ordres religieux qui, en défendant plus particulièrement *le sacerdoce*, défend aussi plus spécialement l'*empire*. Les vrais prédicateurs, les exécuteurs même du régicide, qui aspireraient à se procurer la facilité de ce crime, n'auraient qu'une chose à faire en effet : ce serait de faire écarter *les gardes-du-corps du roi*; et quel plus sûr moyen de les faire écarter, que de les présenter comme *ses assassins* ?

Un rhéteur a représenté, pour rendre odieux les jésuites, précisément ce qui devait les faire aimer. Il a montré en eux *les pointes partout présentes d'une épée dont la poignée était à Rome*. Ce qu'on a dit *au figuré* des jésuites, et ce qu'il fallait dire aussi de tous les évèques, de tous les ecclésiastiques, et même de tous les fidèles de France, et même de l'Europe et du monde aux ordres du souverain pon-

tife, lorsque ses ordres sont légitimes ; on pourrait
le dire *au propre*, de tous les fonctionnaires publics, et même de tous les Français aux ordres du
roi de France.

Les fidèles sont et doivent être une sorte d'arme
par la parole et la charité contre les erreurs , comme
les citoyens sont tous une arme véritable contre les
attentats.

Il n'y a entre l'épée du roi et *l'épée de la foi*
qu'une différence, c'est que la première ôte la vie ,
tandis que l'autre la donne.

Les jésuites n'ont pas seulement pour adversaires
le seul corps qui ait une force véritable , puisqu'il a
jusqu'à la force unie à la justice ; et que ses membres
ont, au moyen de l'inamovibilité , l'inviolabilité du
roi, et de plus que lui, quoiqu'ils ne l'exercent qu'en
son nom , le droit de bannissement et celui de
glaive (1).

Ils ont encore pour ennemis tous les plus fameux
et même tous les plus ignorés des écrivains religieux
et politiques.

Ceux-ci les présentent comme les plus grands des
criminels privés, et même comme les plus grands

---

(1) C'était peut-être dans le sentiment profond de cette grande vérité-là, que, vers le milieu du XVIII<sup>e</sup> siècle, le vertueux, l'illustre et
l'infortuné chancelier Maupeou pensait n'avoir rien moins à faire qu'à
*retirer* encore une fois *la couronne du greffe*.

des *criminels d'état*. Les autres se refusent à les re‑
connaître dans *l'esprit de* nos *lois*, parce qu'ils ne les
lisent pas dans leur *lettre* (1), et les ont menacés
de les poursuivre *comme tels*, *à propos* de la *mise en
accusation* de leurs ennemis (2).

---

(1) « Hier, dit *le Constitutionnel* du 9 mars 1826, la cour royale,
chambre des appels de police correctionnelle, a eu à prononcer sur
l'appel du ministère public et de Chardon lui‑même. Cette affaire
avait attiré à l'audience un nombreux auditoire.

» M le conseiller Sannegon a fait le rapport.

» Dans l'interrogatoire du prévenu, M. le président de Sèze fils lui a
fait cette question : « Quelle est votre profession ? » Chardon ayant
répondu qu'il était *religieux*, M. le président lui a dit : *Ce n'est pas
un état; il n'y a point d'ordre religieux en France.* »

(2) Et n'était‑ce pas en effet des ennemis de *l'ordre des jésuites*,
puisque c'était des ennemis de l'ordre, de la religion et la monarchie,
que M. le procureur général pouvait dire ?

« Ces hommes sont trop *habiles* pour attaquer de front et toujours
à découvert la religion.

» *Écrasez l'infâme* est leur mot de ralliement secret : on peut s'en
convaincre à leur idolâtrie pour *le chef* qui le leur donna.

» Ce n'est plus leur mot de ralliement public.

» Ils savent qu'il révolterait.

» Ils procèdent par des moyens plus adroits.

» Ils employent encore quelquefois l'audace, quand leur rage les
trahit, mais plus souvent *l'hypocrisie*.

» L'hypocrisie a gagné jusqu'à leurs journaux.

» Parmi ceux‑ci, il en est deux surtout dont elle est devenue l'arme
favorite : ce sont le *Constitutionnel* et le *Courrier*, que le soussigné ne
saurait tarder plus long‑tems à dénoncer à la cour pour leur tendance
coupable à porter atteinte au respect dû à la religion de l'état

» C'est *au nom de Dieu* que ces apôtres nouveaux blasphèment Dieu
et les choses saintes.

Cela donné ,

Lorsqu'on parle de la *puissance actuelle* des jésuites, on n'y pense vraiment pas; à moins toute-
fois qu'on ne parle de la *puissance de souffrir*, depuis

---

» C'est souvent en professant une vénération apparente pour la religion de J –C., qu'ils s'efforcent de *la saper dans ses fondemens.*

» Ils cachent ordinairement leurs intentions; mais leurs intentions
peuvent être reconnues à leurs œuvres.

» Or, leurs œuvres, les voici.

» Mépris déversés sur les choses et les personnes de la religion ;

» Provocation à la haine contre les prêtres en général ;

» *Acharnement* à propager contre eux *des milliers d'accusations
fausses,* au milieu desquelles s'en produisent quelques unes de vraies,
qu'on a grand soin de ressasser et d'empoisonner.

» Tels sont les moyens perfides employés à présent par les deux
journaux inculpés, pour arriver à *leur but, qui est de détruire la religion catholique, pour y substituer le protestantisme, ou plutôt le
néant de la religion.*

» En dépit de leur hypocrisie, leurs desseins sont donc mis à nu.

» Leur odieux projet de miner la religion, marche.

» *Il est tems que la justice ouvre les yeux sur de telles fureurs,
pour les refréner.* »

Ainsi donc M. le procureur-général du Roi requérait que *la justice
ouvrît les yeux sur les fureurs de* ces hommes *habiles, hypocrites,
acharnés,* dont *le but est de détruire la religion pour y substituer le
néant.*

Or voici que *la justice* est pourtant venu dire que là où MM. les
gens du roi avaient vu des *fureurs* et de l'athéisme, elle n'avait vu
que des *phrases inconvenantes,* dont *l'esprit n'était pas de nature à
porter atteinte au respect dû à la religion de l'état; et qu'elle consi-
dérait que ce n'était pas manquer à ce respect que de combattre l'établissement d'une association* comme celle des jésuites, *et de signaler
les dangers notoirement certains de leur doctrine, qui menace tout à la*

le formidable *considérant* de la cour *royale* de Paris, jusqu'au *coup de pied de l'âne*.

Quant à l'ambition d'exister, *d'être propriétaire*, par les moyens du *droit commun*, de prêcher avec éloquence la vérité, d'aller chercher ou d'accueillir les grands qui sont naturellement le modèle des petits, et de voir grands les petits dignes de le devenir (1), comme cette ambition est devenue, avec le tems, le plus grand peut-être des moyens de prosélytisme, il serait singulier que la loi de Dieu la condamnât, et que tandis qu'elle est pratiquée par les philosophes pour favoriser le crime, elle fût interdite aux jésuites pour le prévenir.

Nous savons ce que vaut l'objection de la *puissance politique actuelle* des jésuites.

Aurions-nous besoin de montrer ce que vaut l'objection de leur *puissance politique future ?*

Après tout, la plus puissante apologie de l'institut des jésuites se trouve dans la considération de leurs

---

*fois l'indépendance de la monarchie, la souveraineté du Roi et les libertés publiques.*

Il est donc vrai de dire qu'à *propos* de la mise en accusation des ennemis des jésuites, la cour royale de Paris a condamné l'ordre des jésuites lui-même, et lui seulement ; qu'elle s'est ainsi constituée l'adversaire de l'ordre des jésuites.

Après cela comment parler de la *puissance actuelle* de cet ordre ?

(1) Il ne s'agit pas, pour un jésuite, d'être grand lui-même : il a fait *vœu de ne l'être jamais* dans l'état, et même dans l'église.

défenseurs, qui sont les défenseurs de la religion (1),
et dans la considération aussi de leurs ennemis, qui
sont essentiellement ses ennemis. Ainsi, les libéraux
n'ont pas beau jeu dans la guerre, chaque jour renouvelée, qu'ils font à cette société célèbre. Ils ne
sauraient proférer un cri contre l'enseignement ou
la vertu de l'ordre des jésuites, qui ne démontre à
la fois et ses lumières et sa sainteté. La chrétienté doit
opter entre l'avantage de se maintenir avec cet ordre,
ou le malheur de tomber sans lui.

Un *jésuite* enfin est un simple prêtre, le plus
simple, le plus humble, et par conséquent le plus
royaliste, le plus charitable, le plus *utile* peut-être
des prêtres (2).

---

(1) Celui-là même qui semble le *défenseur de nos libertés*, le grand
homme dont le génie, les vertus et les services méritaient une autre
destinée que celle de servir de point d'appui et de ralliement aux
ennemis de l'*Église universelle* et même de l'*Église gallicane*, Bos
suet enfin n'a-t-il pas fait le plus sublime éloge de ces jésuites, qu'on
représente pourtant comme les protecteurs et même comme les prin—
cipaux agens de *nos servitudes?* « Et vous, s'écriait-il, célèbre com-
pagnie, qui ne portez pas en vain le *nom de Jésus*; à qui Dieu a
donné, vers la fin des tems, des docteurs, des apôtres, des évangé-
listes, *afin de faire éclater, par tout l'univers*, la gloire de l'Évan-
gile, ne cessez de faire servir, selon *votre sainte institution*, tous les
talens de l'esprit, de l'éloquence, la politesse, la littérature, etc. »
( Édit. Lebel, tom. XI, 528. )

(2) On convient de tout cela, sans doute par l'effet de la franchise
ou plutôt de la simplicité bretonne, jusque dans le *factum* le plus
violent et le plus *d'apparat* qu'on ait encore déclamé pour le nier.
L'ordre des jésuites est rétabli en France depuis *la restauration;* on

« Et s'il n'existait pas, il faudrait l'inventer. »

Se pourrait-il que son existence fût illégale, et, comme on le dit, contraire à la Charte, et inconstitutionnelle ?

Ils ont été condamnés dans le XVIII<sup>e</sup> siècle ? —

Eh ! ne serait-ce pas une preuve de leur innocence ?

La religion, la monarchie ont été condamnées, et même exécutées en ce siècle-là !


Ils ont été condamnés par leur souverain maître, par le souverain pontife ? —

Oui ; mais c'est par lui aussi qu'ils ont été réhabilités.

Ils ont été jadis détruits par l'autorité, qu'ils reconnaissent et qu'ils proclament eux-mêmes infaillible ? —

Oui ; mais c'est par elle aussi qu'ils viennent d'être rétablis.

L'autorité qui est infaillible pour condamner, ne le serait-elle plus pour faire *grâce* ? Et l'infortuné,

---

ne parle, à Paris, que de leur influence, et même de leur *omnipotence* ; et c'est à Paris qu'on s'est écrié : « Le ciel qui protége la France ne l'abandonnera point ; tout lui promet un heureux et brillant avenir, Voyez 'partout l'ordre respecté, la religion, les mœurs et les lois en honneur ; l'industrie, les sciences et les arts marchant à pas de géant ; le peuple tout plein d'amour pour ses institutions ; un roi religieux, etc. »!!! (Voyez le *factum* pour *feu* M. de la Chalotais.)

l'innocent, le vertueux une fois condamné, ne pourrait-il *jamais*, quels que soient son repentir et ses mérites, prétendre à la justice ?

Le condamné surtout qui, lors du jugement, *n'était pas né*,... entendra-t-il opposer à son innocence *la chose jugée* ?

La Charte ?

Mais la Charte ne donne-t-elle pas à *tous les Français également* ( art. 1 ) *la liberté individuelle* ( art. 4 ) d'agir en général, la *liberté de professer sa religion*, surtout quand *sa religion* est *celle de l'état* ( art. 5 )? Ne consacre-t-elle pas, en laissant *en vigueur* toutes les lois *actuellement existantes*, qui ne lui sont pas *contraires*, ces éternelles *lois*, qui se trouvent même écrites partout, et même dans le *bulletin* des nôtres, en vertu desquelles le *citoyen* a le droit de faire tout ce qui n'est pas défendu, et surtout ce que Dieu, ou, si l'on veut, la *nature* ordonne ? Et par conséquent de *s'unir* à ceux de ses semblables qui ont des rapports de pensée et de volonté avec lui, de se choisir un maître, et cela pour être plus en état de pratiquer la vertu ?

Et maintenant le *jésuite*, pour être un prêtre un peu plus prêtre que les autres prêtres, un citoyen un peu plus soumis que les autres *citoyens*, serait-il de condition pire qu'eux ?

Nous avons la *liberté* de nous ruiner et de nous corrompre, de ruiner et de corrompre nos semblables (1) ; n'aurions-nous pas la liberté de les édifier ? Et la vertu serait-elle moins privilégiée que le crime ?

Mais enfin, dit-on, aux termes de la législation en vigueur, un ordre religieux a besoin d'une *autorisation* ministérielle (art. 207 du *Code pénal*), d'une ordonnance et même d'une loi qui le permette?

Eh! bon Dieu, qu'à cela ne tienne !

Nous savons à quoi nous en tenir sur l'*ordre des jésuites* ; voyons ce que c'est que la *congrégation*, ce qu'il faut en penser, et ce qu'il faut en faire.

» *Le congréganiste* n'est pas autre chose qu'*un fidèle qui, resté soumis à ses supérieurs spirituels et politiques ordinaires, s'en est donné, dans la vue de leur être plus fidèle, un autre soumis à son tour, et pour* ce qui le concerne, *aux mêmes supérieurs suprêmes, dans le but, en définitive, d'enseigner et de pratiquer tous ensemble les mêmes droits, les mêmes devoirs et les mêmes vérités dogmatiques qui en sont le fondement.* »

Un congréganiste enfin, c'est tout simplement un citoyen qui, loin d'avoir un seul privilége de plus qu'un citoyen ordinaire, n'a que des devoirs, des charges et des responsabilités de plus.

_______________

(1) Puisqu'il est vrai que les lieux de prostitution, les maisons de jeu, et les bureaux de loterie subsistent encore, et que les imprimeries sont ouvertes aux erreurs les plus criminelles.

C'est-à-dire qu'un congréganiste *tel qu'il est*, est encore précisément le contre-pied du congréganiste *tel que le fait* l'auteur ou le journaliste qui l'ignore, ou plutôt l'auteur ou le journaliste qui le hait.

Aussi les congrégations ne datent-t-elles pas d'hier, et ne sont-elles pas un établissement clandestin.

Elles remontent au 5 décembre 1564; et c'est une bulle, non pas qui les crée ( car le pouvoir même spirituel ne crée rien ), mais qui les reconnaît et les consacre à la fois comme un droit, et surtout comme un devoir, éminemment légitimes et sociaux.

Comme l'expérience, loin de montrer le danger des congrégations, n'a fait qu'en faire sentir l'utilité, la première bulle de leur reconnaissance n'a cessé d'être renouvelée dans les siècles et sous les asposto-lats suivans. On voit en effet Sixte V, Clément VIII, Grégoire XV, Benoît XIV, et Pie VII, entr'autres, s'empresser comme à l'envi de conserver et d'en-courager les congrégations.

Ne sait-on pas leurs statuts? Ne sait-on pas au nom et sous les auspices de qui le congréganiste agit? Ne sait-on pas son *vœu* et sa *consécration ?* Ne connaît-on pas ses guides, ses amis et ses protec-teurs? Les jours de ses fêtes chéries? La nature et les lieux de ses exercices ?

Ses statuts sont publics.

Ils ont été plusieurs fois imprimés; et l'édition

in-18, que nous avons sous les yeux, l'a été chez Rusand en 1819 sous le titre de *Heures à l'usage des congrégations de la Sainte Vierge*. C'est un *Parois-sien* ou plutôt une *Journée du chrétien* avec quelques *variantes*, et qui est à l'usage des étrangers aussi bien qu'à celui du congréganiste.

Les lois du *congréganiste* ne sont ni compliquées ni extraordinaires : c'est tout simplement les *lois de l'église* universelle ; et l'étranger qui veut entrer dans la congrégation, pour y être reçu, accueilli, n'a besoin que de cette condition d'éligibilité-là.

C'est *au nom de Dieu*, car c'est en celui de *sa mère* que le congréganiste se rend, écoute et prie dans sa chapelle, comme c'est *au nom* de *Dieu* qu'il en sort et qu'il se conduit dans le monde.

Son *vœu*, on ne saurait rien concevoir de plus touchant, le voici :

« Au nom du Père, du Fils et du Saint-Esprit.

» Sainte Marie, mère de Dieu, et vierge préservée dès le premier moment du péché d'origine, moi.... je vous choisis dès l'instant pour ma reine, ma patrone, ma protectrice auprès de Dieu et ma glorieuse mère. Je prends aujourd'hui la résolution fixe et le ferme propos de ne jamais abandonner votre culte et les intérêts de votre gloire pendant toute ma vie, spécialement de ne rien dire, ni rien faire contre vous, ni permettre que ceux qui dépendent de moi donnent par leurs discours ou par leurs actions la plus légère atteinte à l'honneur et aux hommages qui vous sont dus à tant de titres.

» Daignez donc, je vous en supplie, auguste reine du ciel et de la terre, m'admettre aujourd'hui *pour jamais* à votre saint service, m'accorder votre très-puissante protection auprès de Dieu, dans tous les momens et pour toutes les actions de ma vie. Ne m'abandonnez pas surtout, ô divine mère de mon Sauveur, à l'heure de ma mort.

» Ainsi soit-il (1).

---

(1) Dans les documens officiels saisis en 1820 à Milan, on a découvert *un vœu* qui n'a guère de rapport avec celui-là : « Je jure à » la vue du G∴ A∴ D∴ U∴, et sur mon honneur, de conserver le » plus inviolable secret sur tout ce que j'ai vu dès le commencement » de ma présente réception, comme aussi sur tout ce que je verrai, » entendrai et connaîtrai par la suite. Je jure de n'en parler jamais à » aucun homme qui ne soit pas revêtu du grade auquel je vais être » admis ; je jure de n'écrire jamais la moindre chose sur ce qui con-» cerne les mystères de l'ordre, sans en avoir la permission du chef » de l'∴ ( *Église* ) dont je ferai partie ; je jure de PRÉFÉRER A » TOUTE CHOSE l'intérêt de la société à laquelle je serai admis, » et d'obéir fidèlement et franchement aux ordres que les chefs me » pourront donner. Je consens de subir *la peine de mort* si je deviens » parjure. »

Puis le S∴ ( *Sage* ) ajoute : Es-tu d'accord avec ce serment ?

R. ( *Réponse* ) Je le suis.

Le S∴ ( *Sage* ) : MM∴ FF∴ ( *Maîtres-Frères* ), levez-vous, met-tez-vous en ordre, et tirez vos épées, etc., etc.

D. ( *Demande* ) Donnez-moi le mot sacré.

R. ( *Réponse* ) Il l'épelle.

( Ce mot est OTEROBA, qui signifie : *Occide tyrannum, et recupera omnia bona antiqua* ; tuez le roi et dépouillez les propriétaires ).

Le guide spirituel du congréganiste, c'est un simple prêtre d'un âge mûr, d'une piété exemplaire, d'une bonté aimable ; ses amis et ses protecteurs, c'est tout simplement le clergé, l'épiscopat français, et les honnêtes gens, quelque part qu'ils se trouvent.

Le lieu de la réunion est *un lieu public* (à Paris il est à côté d'une église paroissiale, et dans une maison très-fréquentée.)

C'est une chapelle ornée des images et des emblèmes de la SainteVierge.

On s'y rend quand cela convient ou plaît, librement, de tems à autre, à une heure fixe ; et soit qu'on aille, ou qu'on soit arrivé, le plus souvent seul, et ignoré même de nom de la plupart de ses confrères, et sans leur parler.

Les *grands jours* du congréganiste sont les jours plus partiulièrement consacrés à sa patronne, c'est la *purification*, c'est *l'annonciation*, c'est *l'assomption*, c'est la *présentation*, c'est la *conception* de la Vierge.

La première chose que le congréganiste voie en entrant dans le lieu de réunion, c'est l'image de Marie ; la première qu'il entende, c'est la *vie d'un saint* ; la seconde, ce sont les nouvelles de piété ou de charité du jour ; la troisième et dernière, c'est la messe.

Hors de là, le congréganiste ne retrouve guères

quelques-uns de ses confrères qu'au secours des malheureux dans les prisons ou les hôpitaux.

Les bons effets auxquels se reconnaissent les bonnes causes , les bonnes œuvres auxquelles se reconnaissent les hommes bons et les établissemens utiles, démontrent ici admirablement la bonté, l'excellence, la nécessité des congrégations.

Les congrégations se forment et agissent dans les intérêts à la fois de ceux qui en font partie et de ceux qui leur sont étrangers ; elles servent à la fois et les particuliers et les gouvernemens.

Et d'abord elles sont dans l'intérêt de ceux qui en font partie.

Le premier avantage qu'il y ait de se trouver *plusieurs ensemble*, c'est de se trouver retenu. On dirait ( tant l'erreur et le vice sont choses faibles ! ) que le seul aspect d'un homme même mauvais, leur fait peur.

Mais cela n'est rien encore.

Le grand mobile des volontés ce n'est pas la *foi*, mais la *charité* ; ce n'est pas la *parole* , mais l'*action*. Et c'est pour cela que le bon Dieu, qui s'entend assez sans doute à gouverner les hommes , et la plupart des *saints* à son image , semblent être venus *habiter parmi eux*, moins pour leur donner de grandes leçons qu'afin de leur faire voir de grands exemples.

La vertu enfin est bien autrement éloquente, et ,

si nous osons le dire, *impressive* que l'éloquence ;
et le livre le plus sublime ne vaut pas la plus petite
œuvre de charité.

On en conçoit la raison ; c'est que les hommes,
naturellement défians, croient plus facilement à la
sincérité de l'action, qu'à celle de la parole dans
leurs semblables.

Les faits à cet égard viennent à l'appui du raison-
nement. C'est une vérité historique que la plus
grande partie des conversions sont dues à la lecture
et surtout à la vue de la *vie des saints*, ou des actions vertueuses ; comme la plus grande partie des
corruptions sont venues de la lecture ou de l'aspect
du vice.

Le bon exemple qui a tant d'efficacité sur les hommes, alors même qu'il leur est donné par des étrangers, en a bien davantage lorsqu'il est donné par des
parens, par des amis, par des *confrères*. La vue de
ces personnes *morales en action* est pour nous le mé-
morial le plus infaillible et le stimulant le plus puissant du devoir ; et l'orgueil lui-même sert à cet égard
l'humilité.

Et c'est ici qu'il faut admirer la nature des corporations. Ce n'est pas seulement tous leurs membres
vivans et actuels qui sont, pour un seul, des enga-
gemens à la vertu, c'est encore tous leurs membres
passés, en remontant jusqu'à leur fondation.

C'est ainsi qu'un congréganiste d'aujourd'hui se
croit comme obligé de prendre pour modèles, et tous

ses frères vivans dont il est entouré, et tous ses frères morts ( dans lesquels il trouve des François de Sales et des Princes de Condé) qui depuis trois siècles vécurent et moururent *au même nom* et *pour la même gloire* que lui.

Il faut que l'influence des congrégations sur la vertu de leurs membres soit bien active et bien évidente. On a remarqué qu'à Paris, dans les dix-huit premières années qui ont suivi leur suppression vers le milieu du dix-huitième siècle, le nombre des communions pascales, qui après tout sont certainement le signe le moins infaillible de la probité, a diminué de moitié. (1)

––––––––––––

(1) Nous ne pouvons résister au plaisir de citer encore ces grandes vérités et ces belles paroles de Dieu, ainsi traduites dans la *politique de Bossuet.*

« Le frère aidé de son frère est comme *une ville forte.* Voyez comme *les forces se multiplient par la société* et le secours mutuel (*)[1]

» Il vaut mieux être deux ensemble que d'être seul; car on trouve une *grande utilité dans cette union.* Si l'un tombe, l'autre le soutient. Malheur à celui qui est seul ! S'il tombe, il n'a personne pour le relever. Deux hommes reposés dans un même lit se réchauffent mutuellement. Qu'y a-t-il de plus froid qu'un homme seul? Si quelqu'un est trop fort contre un seul, deux pourront lui resister : une corde à trois cordons est difficile à rompre (**). »

(*) Frater qui adjuvatur a fratre, quasi civitas firma et judicia quasi vectes urbium. (*Prov.*, chap. xviii, 19.

(**) Melius est ergo duos esse simul, quàm unum habent enim *emolumentum societatis suæ* si unus ceciderit, *ab altero fulcietur,* væ soli quia cum ceciderit, non habet sublevantem se. Et si dormierint duo, *fovebuntur mutuo* unus quomodò calefiet? Et si quispiam prævaluerit contra unum, duo resistunt ei *funiculus triplex difficile rumpitur* (*Eccl.*, chap. iv, 9, 10, 11, 12 )

Montrer que les congrégations sont édifiantes et utiles à leurs membres, c'est avoir montré qu'elles sont utiles à tout le monde, et par conséquent aux gouvernemens.

Les corps *unis sous un chef* (et on ne peut pas même en concevoir sans ce caractère) font mieux que seconder les gouvernemens; ils les rendent presque *inutiles*. Le gouvernement, pour être sûr d'un corps de cette nature, n'a besoin que d'être sûr du chef (1).

Un congréganiste est l'*ami-né* de tous les hommes et surtout de tous ses concitoyens.

Il est le sujet respectueux et fidèle du roi; ses *Heures* sont pleines de prières pour lui (Voy. p. 479, 510 etc.) (2).

---

(1) Bodin', que nos adversaires ne récuseront pas ( car il n'est pas suspect de *dévotion*, et il a *fait* leur Montesquieu), a entrevu cette vérité-là : « C'est pourquoi, dit-il, les premiers princes et législateurs qui n'avoyent encore découvert les difficultés qu'il y a de maintenir les sujets par justice, entretenaient les *confrairies*, colléges et communautez, afin que les parties et membres d'un même corps de république étant d'accord, il fût aisé de régler toute la république. » ( V. liv 3, chap. 7, de sa *République.* )

(2) Aussi beaucoup de princes et même de rois, et de grands rois, surtout des Bourbons, ne dédaignerent pas d'être congréganistes; témoin Henri de Bourbon, Antoine de Bourbon, Louis de Bourbon, prince de Condé, Armand de Bourbon, prince de Conti, etc.; Sigismond III, roi de Suède; Ladislas IV et son frère Casimir, rois de Pologne; Philippe, Ferdinand et Maximilien, rois de Bavière : les empereurs Ferdinand II et Ferdinand III, et plusieurs archiducs d'Autriche, etc.

Il est aussi le subordonné respectueux de toutes les autorités royales secondaires, des chambres, du ministère, de la magistrature.... *quand même!* Il trouve à la page 510 de *ses Heures*, que l'un de ses devoirs est d'être *soumis au roi ou à ses délégués, parce que telle est la volonté même de Dieu.*

Il est surtout l'ami de ses propres ennemis : il trouve à la page 552 de ses *Heures*, que s'il les haïssait il serait *homicide*. Là il apprend à se dire, pour s'empêcher de se venger de ceux qui lui font du mal : « *Je voudrais me venger, et la mort de Jésus-Christ* » *n'est pas encore vengée!* »

Le congréganiste est enfin l'ami de la paix : il a aussi, p. 480 de ses *Heures*, sa prière pour elle (1).

Les faits suivent la règle.

_______________

(1) Si l'on ne savait pas à quelle étrange bonne foi l'erreur peut conduire, dans une profession et surtout à une époque malheureuses, on serait porté à croire que *l'avocat du Constitutionnel* en voulait imposer à ses juges, lorsque, à je ne sais quel propos, il a proclamé, avec la gravité de l'homme d'état, ces paroles *montées*, qui ne sont plus qu'une machine de tribun ou une phrase de rhéteur, et qui seraient un sujet de rire pour l'homme sage, si ce n'en était pas un d'effroi.

« Rappelez-vous maintenant des organisations, des congrégations diverses, et puis relisez notre histoire, songez comment a commencé la ligue, qui avait aussi ses dixaines et ses centuries ; ses processions qui le lendemain sont des revues, et à l'aide desquelles on fait ensuite *une journée!....* Et voyez si le présent n'est pas gros de l'avenir, si l'état enfin n'est pas menacé! (Mouvemens très-prononcés, et vive sensation.) » (V. le *Constitutionnel.*)

Et pour ne citer qu'un exemple, qui ne fera plus, hélas! rougir l'humilité, il était congréganiste cet homme qui portait dans ses veines le plus ancien sang français chrétien, et qui joignait aux grâces de l'esprit toutes les qualités du cœur; ce citoyen qui ne recevait pas de l'éclat des plus hautes dignités, mais qui leur en donnait; cet orateur politique qui savait rendre la vérité puissante en la rendant simple et aimable; ce sujet qui trouva l'une de ses gloires dans la reconnaissance solennelle d'une infidélité de la jeunesse, et surtout dans la reconnaissance de cette infidélité par trente années de dévouemens efficaces; cet homme d'état qui ne quitta un ministère honorable que pour une retraite glorieuse; ce protecteur de tous les jeunes talens et de toutes les vertus naissantes, de tous les malheurs même le mieux mérités; cet ami de l'*étranger* aussi bien que du *confrère*, qui faisait monter à côté de lui dans sa voiture le pauvre transi de froid, et se dépouillait de son manteau pour l'en couvrir avec les soins les plus empressés; cet homme de bien par excellence, qui se trouvait à la fois chéri, vénéré des amis de la liberté et des amis de l'obéissance, aimé des pauvres et des rois; ce vertueux et illustre personnage qui fut jugé digne par son roi d'élever à la vérité, à la vertu, à la gloire cet *enfant qui nous est né à tous*; ce fidèle qui fut jugé digne par son Dieu de ne se relever d'une maladie que pour aller le prier dans son église, accompagné de ce qu'il avait de plus cher au monde, de sa digne épouse et de sa digne fille, et mourir tranquillement à l'endroit et à l'heure mêmes de la mort de Dieu, au milieu du cantique de *Jubilé* qu'il allait finir dans les cieux;.... cet homme qui, par un concours inoui de circonstances, vit du haut du ciel, dans un siècle de décadence, toute une grande cité corrompue assister en recueillement et même en pleurs à ses funérailles!

Enfin M. Mathieu de Montmorency!

Si les congréganistes qui ont et qui font peut-être de semblables modèles sont *les conjurés*, où sont *les fidèles?*

Si le système des congrégations est *un système religieux et politique tendant à renverser la religion, la société et le trône*, où est le *système qui tend à les maintenir?*

Quoi qu'il en soit, l'existence des congrégations de la Ste.-Vierge en France ne paraît pas coïncider avec la *révolution.*

Ce fut le vendredi 9 mai 1760, c'est-à-dire précisément à l'époque de *la grande cause* de la révolution, lorsque les apôtres de la philosophie qui avaient juré de la faire, entreprenaient leurs affreuses *correspondances*, lorsqu'ils se conseillaient de *s'ameuter*, lorsqu'enfin ils s'affiliaient en *congrégations* secrètes (car c'est une loi de la nature, que les choses vraiment nécessaires, lorsqu'elles semblent se détruire, ne font jamais que changer d'élé-

mens et d'objet); ce fut précisément, disons-nous, à cette époque que « le parlement de Paris, les cham-
» bres assemblées, a fait défense à toutes personnes
» de former aucunes assemblées ou confréries, *con-*
» *grégations* ou associations en la ville de Paris, et
» partout ailleurs, etc. » (Collection de Denizart v°).

Après cela, je crois, toutes les objections qu'on fait à la congrégation sont assez bien réfutées.

On peut dire qu'il n'en est pas une qui, loin de l'atteindre, ne la justifie.

On ne lui oppose pas, à cette société-là, les crimes de ses anciens membres (qui pourtant, en bonne justice comme en bonne logique, ne prouveraient rien contre elle): il n'y en a pas un, je crois, de célèbre, qui ne l'ait été pour ses vertus, et il en est plus d'un qui l'est pour sa sainteté.

On ne songe pas même à opposer à la congréga-tion *un seul crime*, *d'un seul* de ses membres actuels.

Mais dans l'impuissance de lui reprocher des cri-mes politiques ou même privés, positifs, consom-més, on lui reproche des crimes chimériques, ou des crimes intentionnels et des *crimes à venir*.

Et encore quels crimes, grand Dieu !
Et d'abord sa puissance politique.
Plût à Dieu que l'accusation soit fondée ! Serait-ce un mal, en effet, que des hommes religieux

fussent aussi administrateurs , magistrats , députés , pairs , et même ministres ? Et le *cumul* d'une place à la congrégation , et d'une place dans l'état , au milieu de tant d'autres cumuls dangereux , serait-il interdit comme dangereux à la monarchie ? Nous ne sachons pas qu'il puisse arriver rien de plus utile , même à ses ennemis.

Mais l'accusation de *puissance* faite à la congrégation est bien plus que fausse , elle est ridicule.

Si une congrégation qui est éminemment amie de la vérité , parce que la vérité seule est génératrice de la vertu , avait *une puissance* , elle l'emploierait d'abord à réprimer , ou plutôt à prévenir l'erreur , parce que l'erreur , et surtout l'erreur de la presse est , comme on l'a très-hardiment et très-heureusement dit , *génératrice de tous les crimes* , et se trouve ainsi *le crime* lui-même.

Or, c'est un fait , qu'à aucune autre époque de la monarchie française , la liberté des crimes de la presse les plus nombreux et les plus graves , n'a été plus grande.

Dans le nombre assez considérable des congréganistes , sait-on bien après tout , le nombre de ceux qui ont des places importantes ?

« Il en est jusqu'à trois que l'on a pu citer !!! »

La plus petite coterie , la moindre *loge* de France , n'en a-t-elle pas davantage?

Aussi l'hypothèse du danger de la *puissance actuelle* de la congrégation étant une chimère, on n'a vraiment insisté que sur l'hypothèse du danger de sa *puissance future*.

On oppose enfin aux congréganistes leur ambition.

Lès congréganistes sont des hommes religieux, des hommes éminemment soumis à Dieu et à ceux qui le représentent sur la terre; des hommes enfin qui ont et qui doivent avoir *l'ambition de servir Dieu,* de servir leurs semblables ; ne leur serait-il pas permis d'avoir *l'ambition de servir le roi ?* Et la première ambition ne serait-elle pas compatible avec la seconde ?

Mais à quoi bon reculer devant la vérité?

L'ambition de servir l'état dans l'homme qui sert la religion n'est pas seulement *un droit*, c'est encore *un devoir ;* et l'on peut même dire que la première des conditions d'éligibilité pour les fonctions politiques devrait être l'exercice des fonctions religieuses, ou du moins la pratique des vertus de ce caractère.

C'est ainsi qu'on oppose à la congrégation des crimes qui sont des droits, et jusqu'à des crimes qui sont des vertus !

Je ne sache plus qu'une seule objection possible à l'existence des congrégations, c'est la division plus marquée qu'elles semblent établir entre ceux qui en sont membres et ceux qui ne le sont pas ; et cette objection est encore fausse.

La division ici, loin d'être dangereuse, est salutaire, et salutaire à la fois pour les bons comme pour les mauvais ; et c'est parce qu'elle est utile qu'elle est un devoir et une nécessité, La *division*, lorsqu'elle a pour objet de se rendre meilleur, comme dans les congrégations vraiment religieuses, est le premier moyen de *traité* et d'*union* avec ceux qui sont moins bons que soi, et même avec ceux qui sont mauvais.

C'est la condition d'un seul *troupeau* et *d'un seul pasteur* (1).

Vous qui nous accusez de ne nous réunir qu'afin de troubler l'état, ou plutôt de vous haïr (pourraient dire les congréganistes à leurs adversaires), apprenez que nous ne nous réunissons que pour apprendre à vous aimer !

La congrégation, tout considéré, est ainsi, comme nous l'avons annoncé, le premier moyen d'ordre qu'il puisse y avoir dans une société.

C'est l'établissement le plus politique qu'on puisse imaginer, précisément parce qu'il est le plus religieux.

------

(1) Saint Jean, chap. x.

« Et s'il n'existait pas , il faudrait l'inventer ( 1 ). »

La liberté de s'unir *au nom de Dieu* , et de n'avoir ainsi, plusieurs ensemble, qu'*un cœur et une ame*, est la plus sacrée, la plus salutaire et la plus indispensable des libertés ; et la charte des rois de France, qui consacre des libertés surabondantes, et peut-être des libertés dangereuses, n'avait garde de proscrire celle-là.

Il est vrai que la congrégation n'a pas songé, en *se formant*, à solliciter *l'agrément du gouvernement*, aux termes de l'art. 291 du *Code pénal* ; mais la raison en est toute simple : l'art. 291 , se trouvant sous la rubrique *des associations et des réunions illicites* , elle n'a pas cru qu'il l'obligeât.

Bonaparte aussi, qui apparemment devait entendre ce *Code pénal*, puisque c'est le *sien*, l'a pensé de même ; car il est de fait que la congréga-

----

(1) « J'avoue, écrivait Leibnitz (quoique protestant) , que j'ai tou-
» jours singulièrement approuvé les ordres religieux, *les pieuses as-*
» *sociations*, et toutes les institutions louables en ce genre, *qui sont*
» *une sorte de milice céleste sur la terre.* Que peut-il y avoir, en
» effet, de plus excellent que de s'interdire tous les plaisirs, et jus-
» qu'aux douceurs de la conversation et de la société, pour vaquer a
» la contemplation des vérités surnaturelles, et aux méditations di-
» vines ; de se dévouer à l'éducation de la jeunesse, pour lui donner le
» goût de la science et de la vertu ; d'aller porter des secours aux mal-
» heureux, aux prisonniers, à ceux qui sont condamnés, aux malades ?
» *Quiconque ignore ou méprise ces choses*, *n'a de la vertu qu'une*
» *idée rétrécie ou vulgaire.* » (Syst. théol.)

tion se rétablit sous son consulat, et se continua paisiblement sous son empire.

Mais comme il y a *une bonne congrégation*, une congrégation qu'on doit considérer comme le premier moyen d'ordre, il pourrait y en avoir *une mauvaise*, et qu'il faudrait considérer comme le premier moyen de désordre et de révolution dans l'état. Ce serait celle dont les moteurs et les affiliés, dont la langue, les statuts, le nom et les emblêmes, seraient mystérieux; dont la loge, les épreuves et les exercices seraient enveloppés de ténèbres, et inspireraient l'effroi; dont le nom serait *franc* et *édificateur*, l'allure *voilée*, et le marteau *destructeur* de l'autel et du trône, et de tout ce qui s'en suit;.... pour entrer dans laquelle il faudrait, comme pour entrer jadis au Japon, fouler aux pieds une croix. Ce serait une société qu'on ne verrait pas *marcher*, mais qu'on verrait à la fin *arriver*; qui n'aurait pas même un éclair pour avertir, comme en a un la foudre, et au-dessous des antres de laquelle enfin il n'y aurait que les enfers (1).

______________

(1) « La foi catholique, c'est-à-dire *universelle*, peut-elle s'accommoder de *ce culte clandestin*, de ces *pieuses pratiques* à la participation desquelles on n'admet qu'un certain nombre d'adeptes? *Si, dans ces réunions, on ne professe pas des doctrines contraires aux lois* et usages de France et à l'indépendance de l'autorité temporelle *et à la vraie foi, pourquoi les portes ne sont-elles pas ouvertes à tous*

Eh! quels sont donc après tout les individus qui jettent ou répandent tant de cris et d'écrits contre la congrégation ? Ceux qui l'ignorent et ceux qui la redoutent, c'est-à-dire toujours ceux qui l'ignorent.

Dans ces gens-là, on ne comptera sûrement pas les conseillers de Cours *royales* : ils ne sont institués que pour réprimer les criminels, et surtout les criminels de la presse ; et la congrégation qui n'a pas encore compté *un seul* de ces criminels-là, non plus qu'*un seul* des autres dans son sein, n'est même établie que pour les prévenir hors d'elle.

Nous en avons l'espoir et même la certitude.

C'est vous-même, ô mon Dieu, qui avez pris soin de réunir les restes d'Israël, et d'en former comme un troupeau dans le même bercail (1). Vous vous en êtes établi vous-même le pasteur (2). Un de vos serviteurs, un nouveau Macchabée, a réuni autour de lui le petit nombre de ses sujets fidèles, pour lutter, mais avec les seules armes de la prière et de la charité, contre vos formidables ennemis (3).

---

*les fidèles ?* Ne sont-ils pas essentiellement de la même communion ? »

L'avocat du *Courrier Français* disait cela à ses juges d'*une congrégation.* Ne serait-ce pas de *l'autre* qu'il faudrait le dire ?

(1) *Congregatione congregabo* Jacob *totum te.* In unum conducam reliquias Israël.... quasi gregem in ovili....

(2) Et Dominus in capite eorum. (Michée, II.)

(3) *Congregavit congregationem* fidelium et ecclesiam secum. ( Macchabées, I<sup>er</sup>, ch. 3 )

Vous vous souviendrez, ô mon Dieu, de la famille qui vous appartient depuis sa naissance (1); et vos enfans pourront encore, Seigneur, se réunir pour mieux vous avouer (2).

Il ne sera plus dit, comme à une époque de douloureuse mémoire : « Qu'on a poursuivi quelques innocentes réunions de royalistes, qui s'assemblaient *publiquement pour parler des intérêts du trône et de l'autel*, et qu'on a laissé *en paix*, sous la protection de l'esprit du siècle, ces illuminés d'Allemagne, ces carbonari d'Italie, *ces fédérés de France*, en un mot, *toutes les sociétés secrètes révolutionnaires* (3). »

La magistrature elle-même l'a dit, et par un organe qu'elle ne désavouera certainement pas : c'est l'un de ses hommes les plus vertueux, l'un de ses membres les plus instruits et les plus dévoués à la monarchie, l'un de ses fonctionnaires les plus considérables, et certainement le plus éloquent et le plus célèbre de tous. « Eh quoi! encore une fois *on peut se réunir*, les théologiens disaient *pour pécher*, tout le monde dira pour se livrer à des occu-

---

(1) Memor esto *congregationis tuæ*, quam possedisti ab initio. ( Ps. 73. )

(2) Confitebor tibi, Domine, in toto corde meo ; in concilio justorum et *congregatione*. ( Ps. 110. )

(3) Monsieur de Châteaubriand, *Conservateur*, tom. 3, pag. 144. On laisse aussi *en paix* toutes les *sociétés* dissidentes, qui se comptent *par centaines* dans chaque pays. ( Voyez-en les noms, l'énumération et les résultats dans la *Revue Protestante*. )

pations frivoles et mondaines ; *et l'on ne pourra se réunir pour adorer Dieu ?* Des sociétés de plaisir se forment sans opposition, et il faudra clore violemment les sociétés d'édification et de prières ! (1)»

Si, après tout, une Cour *royale* enjoignait aux congréganistes de son ressort de se séparer, et que le roi ne fît pas *grâce* de cet arrêt, les congréganistes pourraient encore se retrouver à l'église ou au secours des malheureux ; ils souffriraient même, au besoin, qu'on les condamnât à se retrouver ensemble à l'échafaud : ce serait un degré pour monter ensemble dans le ciel ; heureux s'ils voyaient plus tard, grâces à leurs prières, leurs bourreaux venir les y rejoindre !

---



FIN.